VIE

DE LA JEUNE

ÉLISABETH KRUGER

DE CETTE (HÉRAULT)

NIMES
IMPRIMERIE ROGER ET LAPORTE
Place Saint-Paul, 5.
—
1881

VIE

DE LA JEUNE

ÉLISABETH KRUGER

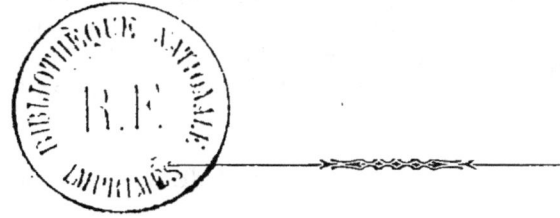

> L'Éternel l'avait donnée,
> l'Éternel l'a ôtée; que le nom
> de l'Éternel soit béni.
> (Job., I, 21.)

Elisabeth Krüger naquit à Cette, le 6 mars 1861. Cette enfant fut à tous égards un *don de l'Eternel*. Son père, sa mère, tous les membres pieux de sa famille, avaient prié, même avant sa naissance, pour l'enfant que Dieu allait leur confier, afin que, comme Jean-Baptiste, elle appartînt au Seigneur dès le sein de sa mère. Leurs vœux furent exaucés, au-delà même de leurs espérances. Dès sa plus tendre enfance, Elisabeth fut accessible aux choses célestes; lorsqu'on lui parlait de Dieu ou qu'on lui racontait quelque trait de la Bible, on était sûr de trouver le chemin de son cœur. A l'âge de dix-huit mois, elle fut vivement intéressée par le récit de la mort d'Abel, et on l'entendit, à plusieurs reprises, répéter dans son langage enfantin : « Pauvre bon Abel, mort! Méchant Caïn l'a tué! »

La sensibilité de cette chère enfant fut développée de bonne heure. Elle n'avait pas encore deux ans, lorsque mourut une de ses cousines dont elle ressentit vivement la perte. Un peu plus tard (elle avait alors quatre ans), Dieu retira à lui une de ses jeunes sœurs. Elisabeth se montra pleine de sympathie pour ses parents, et chercha à adoucir leur douleur. Elle parlait souvent de sa bien-aimée petite sœur, et parfois lorsque sa mère, l'entendant soupirer dans la nuit, lui demandait : « Qu'as-tu, ma fille? Tu ne dors pas? — Non, maman, disait-elle, je pense à notre chère petite Coraly. »

La constitution délicate de notre enfant et de fréquentes indispositions nous firent longtemps craindre pour ses jours. A plusieurs reprises, de graves maladies semblaient nous avertir, que cet agneau du Bon Pasteur serait bientôt appelé au bercail. Cependant elle grandit, sa santé s'était améliorée, et nous espérions qu'après avoir été notre soutien et notre consolation, elle pourrait un jour nous fermer les yeux. Mais « les voies de l'Éternel ne sont pas nos voies, ni ses pensées nos pensées. »

Au mois d'octobre 1869, Elisabeth entra au pensionnat Dinkelmann, à Nîmes, dont son oncle, Monsieur Édouard Krüger est le pasteur. Dans cette institution vraiment chrétienne, elle avait le privilège d'entendre parler chaque jour du salut gratuit par Jésus-Christ et de l'œuvre de l'Esprit-Saint, et sa jeune âme s'ouvrait aux impressions de la grâce. Comme le jeune Samuel dans le temple, elle était heureuse de vivre auprès de ceux qui lui parlaient des biens éternels. Elle se montrait ordinairement très-attentive au culte ; cependant s'il lui arrivait de se laisser distraire, un regard, un mot suffisait pour la rendre sérieuse et recueillie. Elle allait souvent à Milhaud, chez ses grands parents, dont elle était la joie et le délassement; Elisabeth se plaisait beaucoup auprès d'eux ; néanmoins, c'était toujours avec un nouveau plaisir qu'elle revenait au milieu de ses compagnes.

Notre chère enfant venait d'atteindre sa dixième année ; et pour la seconde fois, l'époque des vacances allait la rame-

ner à Cette. « Je compte les jours, nous écrivait-elle, il me tarde tant d'être au premier août!... » Hélas! ce jour si ardemment désiré, a été bien différent de celui qu'elle attendait. « Comme un larron vient durant la nuit », ainsi le « Fils de l'Homme » allait venir pour elle............
....

Le dimanche, 18 juin, pendant que les élèves du pensionnat étaient réunies dans la salle à manger, un violent orage éclata. Les éclairs se succédaient sans interruption, et le grondement du tonnerre remplissait d'effroi les jeunes filles groupées autour de leurs maîtresses. Tout-à-coup la foudre éclate dans le jardin; les pensionnaires, Elisabeth surtout, sont frappées de terreur.

L'impression que reçut notre douce enfant fut si forte, que malgré les soins empressés dont elle fut l'objet, elle dépérit à vue d'œil et fut bientôt forcée de s'aliter.

La lettre suivante, qui raconte sa maladie et ses derniers moments, fut écrite par sa mère peu de jours après sa mort.

Bien chère Wilhelmine,

Tu as déjà versé des larmes d'attendrissement sur la fin bienheureuse de notre chère Elisabeth; c'est le cœur brisé, mais en même temps consolé et rafraîchi, que je viens te donner quelques détails sur les derniers jours de cette enfant bien aimée. A côté de la plaie, Dieu a placé le baume; et, malgré tout le déchirement que j'éprouve, je ne voudrais pas, pour tout au monde, n'avoir pas connu ma fille, ou l'avoir perdue en bas âge, alors que l'épreuve eût été moindre. Oh! que Dieu sanctifie l'affliction pour mon âme, et que j'en retire tout le fruit pour lequel le Seigneur l'a dispensée! L'épreuve est générale, soit à Nimes, soit ici, car le souvenir que laisse Elisabeth, partout où elle a séjourné, est doux et précieux. Le vase s'est brisé, mais le parfum qui s'en est répandu sera, je crois, en bénédiction à plusieurs. Ma tante Armengaud la comparait à Abel, mourant sans postérité, mais qui obtint le témoignage d'être agréable à Dieu, et qui parle encore par sa foi.

Tes sœurs t'ont raconté la forte impression que reçut Elisabeth. Depuis ce moment, elle perdit tout appétit et toute force! M. G., l'ayant soignée quelques jours sans résultat, conseilla de l'envoyer d'abord à la campagne chez ses grands-parents, et ensuite ici, pour respirer l'air de la mer. Adrien nous la conduisit le 28 juin; il y avait environ dix jours qu'elle était souffrante; le malaise continua sans aggravation apparente, jusqu'au 7 juillet; ce jour-là, elle commença à vomir du sang; les symptômes devinrent de plus en plus alarmants, et une fièvre typhoïde intense se déclara. Mais c'est alors que nous avons vu clairement, que si l'homme extérieur se détruisait, l'homme intérieur se renouvelait de jour en jour, et l'œuvre pure, que Dieu avait accomplie sans bruit dans le cœur d'Elisabeth, a été mise en évidence. Puissent toutes ses jeunes amies en avoir reçu une impression salutaire!

Quand Elisabeth se sentit plus malade, sa première pensée fut pour son père et pour moi; elle cherchait à nous tranquilliser. « Ne vous effrayez pas, disait-elle, l'année dernière il m'est arrivé aussi de vomir du sang à la pension et cela m'a passé en buvant de l'eau fraîche. » Puis elle ajoutait: « Otez ce sang de là; on s'effrayerait trop dans la maison. »

Néanmoins, nous étions très-alarmés, car la fièvre redoubla de violence, et, le dimanche, notre chère enfant était très-malade. Je restai seule avec elle toute la matinée, je lui lus le psaume XC, et, à sa demande, le livre d'Esther, dont elle suivit la lecture avec intérêt. Je lui lus aussi le récit de la mort bénie d'une petite fille de son âge; je ne pus le faire sans émotion; il me semblait que je lisais sa propre histoire. Son père vint ensuite auprès d'elle, et la mit avec tendresse, mais sans détour, en face de la mort. « Si Dieu te retirait de la terre, lui dit-il, sens-tu que tes péchés sont pardonnés et que tu irais avec lui? » — « Je ne sais pas, répondit-elle, d'un ton si calme et si ingénu, que l'on y reconnaissait plutôt l'ignorance de l'esprit que celle du cœur. » — « Mais ne crois-tu pas que Jésus est mort sur la croix pour effacer tes péchés et t'introduire dans le ciel ? » — « Oh ! oui ! » — « Ne désires-tu pas qu'il te pardonne ? » — « Oh ! oui ! » — « Eh bien ! crois simplement à son amour, à son pardon, comme tu crois à l'affection de papa et de maman. » Elle écoutait avec avidité toutes ces paroles, et, pendant que son père priait, son émotion était visible. Lorsque je revins auprès de son lit, elle me dit avec joie : « Papa m'a beaucoup parlé et il a prié avec moi. »

L'après-midi, notre chère tante pria pour elle avec amour et émotion : « Seigneur, disait-elle, conserve cette chère enfant à notre affection, si telle est ta bonne volonté ; mais s'il entre dans ton conseil de la reprendre à toi, rends-la capable de te glorifier parfaitement, et de rendre témoignage du bien que tu lui as fait ! » Cette servante du Seigneur avait passé plusieurs nuits sans sommeil, tant étaient grands ses combats pour notre enfant ! Ses prières ont été exaucées, et Dieu a dépassé même nos espérances.

Le lendemain, je dis à ma fille : « Tante t'aime beaucoup ; elle a été très-émue, hier, en priant pour toi. L'aimes-tu aussi ? » — « Oh ! oui, maman ! » et des larmes d'amour coulaient de ses yeux. Je lui lus ensuite le récit de la mort d'une jeune enfant : *La Petite Chiffonnière*. « Maman, me dit-elle après cette lecture, je voudrais bien ressembler à cette petite fille. » — « Tu sens donc, ma fille, que, quoique ta conduite extérieure ait été différente de la sienne, tu as besoin du même pardon ? » — « Oui, maman. » Elle me demanda ensuite le récit de la mort du Sauveur et écouta avec attention.

Dans la soirée, la fièvre redoubla d'intensité, et une sorte de délire l'agita jusqu'au matin. Cependant le calme revint, et je pus prier, à sa demande, auprès de son lit. « As-tu suivi ma prière ? » lui dis-je ensuite. — « Mais, maman, j'ai prié tout le temps avec toi. Ne m'as-tu pas entendue ? » — « Qu'as-tu demandé à Dieu, ma fille ? » — « De me bénir et de me guérir, si telle est sa bonne volonté. Il peut bien m'exaucer, n'est-ce pas, si je le lui demande avec ferveur ? » — « Oui, mon enfant, mais seulement si c'est sa volonté. » C'est alors qu'elle rendit le témoignage, que Jésus avait lavé et pardonné tous ses péchés. Ses paroles étaient le fruit de l'Esprit-Saint ; on n'y sentait nulle exaltation ; les larmes que je versais, en voyant s'accomplir dans cette jeune enfant une œuvre si merveilleuse, étaient des larmes de reconnaissance et d'amour. J'appelai son père pour le faire participer au bonheur que j'éprouvais. « Tu sens, ma fille chérie, que Jésus te bénit, lui dit-il ; il te rend témoignage que tu es son enfant ? » — « Oui, papa. » — « Tu es bien heureuse, n'est-ce pas, d'aller avec lui, s'il t'appelle ? » — « Oh ! oui ! » — « Et pourquoi, en même temps, désires-tu ardemment qu'il te guérisse ? » — « C'est pour me convertir encore mieux, et me donner toute à lui. » — « Ne sens-tu pas que c'est l'amour des choses terrestres, qui te fait désirer de vivre encore ? » — « Oh ! non ! Sur la terre tout n'est que souffrances, douleurs et épreuves ; au ciel tout n'est plus que bonheur. »

Peu auparavant, je lui avais lu le chapitre X de Jean ; elle écouta avec bénédiction ; chaque parole divine pénétrait dans son cœur altéré. » Oui, répétait-elle, le Bon Berger a donné sa vie pour ses brebis, il est venu nous racheter de tous nos péchés. » Un peu après, elle s'écriait : « C'est bien vrai : nul ne les ravira de la main de mon Père. » C'est ainsi que cet enfant, si timide par nature, entrait dans une grande liberté pour nous faire part de ses réflexions et de ses sentiments intérieurs. Le Seigneur la mûrissait rapidement pour l'éternité ; ses jours étaient comptés.

La matinée du mardi fut très-calme ; je lui annonçai pour le soir l'arrivée de ses grands-parents, qu'elle aimait beaucoup. « Peut-être, me dit-elle, que je serai soulagée en les voyant. » Mais à leur arrivée, la fièvre avait recommencé ; cependant elle les revit avec joie, puis retomba dans un assoupissement profond, et un délire très-intense. Dans cet état, elle s'adressait particulièrement à ses amies de pension, les questionnait sur leurs études ou sur toute autre chose : « C'est bien joli de dire que papa ment ! ... J'aurai onze ans au mois de mars. Et toi, Coraly, quand les auras-tu ? Ah ! je me souviens, ce sera le 22 janvier, le jour de la naissance de mon oncle Edouard, » et, en prononçant ce dernier nom, son visage s'illumina d'amour. Un autre moment, nous l'entendîmes dire : « J'ai la ferme conviction que j'irai au ciel. » Et un peu plus tard : « Bientôt je serai réunie au peuple de Dieu. »

Le mercredi matin, elle se ranima encore un peu, beaucoup moins que les autres jours ; nous sentions tous que l'issue était proche, mais sans nous douter que ce serait vingt-quatre heures après. Il était touchant de voir avec quelle tendresse, quel visage épanoui, notre bien-aimée nous accueillait, son père et moi, au milieu de ses souffrances : « Papa, tu n'as pas dormi ! Maman tu es fatiguée ! » Me voyant émue, elle me dit : « Qu'as-tu, maman ? » Son cher père lui répondit : « Ta mère est heureuse de voir le bien que Dieu te fait. » Un peu après, je lui offris la lecture d'un cantique. Elle m'indiqua : *Le temps est court...*, et ensuite : *Sainte cité, demeure ravissante...* Le délire la reprit encore; l'esprit occupé de ce qu'elle venait d'entendre, elle cherchait à chanter. « Que chantes-tu, ma fille ! » — « Je chante : *« Le temps est court.* »

Dès que le médecin la vit, ce jour-là, il fut frappé des grands progrès qu'avait faits la maladie ; aussi ne put-il prononcer aucune parole d'espérance. Elisabeth, oubliant sa présence, eut un moment de délicieux bonheur : « Oh ! que je suis bien, disait-elle, je suis si heureuse, si contente ! » — « Et d'où vient ton bonheur, ma fille ? » lui demanda son père — « C'est que je crois d'aller avec Dieu. » La veille, s'adressant à ton oncle, elle avait dit : « Je vais retrouver cousine Emilie, ma petite sœur Coraly, mon petit frère. Je vous attendrai tous ! Vous viendrez bientôt, n'est-ce pas ? » — « Oui, ma fille, nous viendrons bientôt, » lui dit mon cher Ernest, frappé de la brièveté d'une longue vie terrestre comparée à l'Eternité. Une de ses anciennes bonnes, venue pour la voir, pleurait auprès de son lit : « Pourquoi pleures-tu, Louise ? Je suis heureuse d'aller avec Dieu. Vous viendrez tous m'y rejoindre. » Et comme on lui faisait observer que Louise n'était pas convertie, elle ajouta : « Quant à moi, je suis convertie ; il faut que tu te convertisses aussi, si tu veux venir où je vais. »

Notre chère tante vint la voir après le départ du médecin ; avec elle, se réunirent dans la chambre d'Elisabeth presque tous les membres de la famille et plusieurs amis. Après quelques paroles sérieuses, sa tante lui dit : « J'ai peu dormi ces dernières nuits, et, pendant mes veilles, j'ai demandé à Dieu de te donner de lui rendre témoignage, car je contemplais l'œuvre précieuse, accomplie dans ton cœur dès ta plus tendre enfance. Tu sens, n'est-ce pas, que tu appartiens à Jésus ? » — « Oh ! oui ! je suis un des agneaux du Bon Berger ; je fais partie de son troupeau ! » — « Veux-tu que nous chantions un cantique ? » — « Oui. » Nous chantâmes : *Sainte cité, demeure ravissante*... A mesure que sa tante lisait, elle en répétait, d'un air pénétré, les belles paroles, et lorsque, pleins d'émotion, nous commençâmes à chanter, Elisabeth, qui ne reconnaissait pas l'air qu'elle avait appris à la pension, nous arrêta en disant : « Ce n'est pas l'air ; » et, d'une voix bien faible, elle commença elle-même le chant. Nos larmes coulaient abondamment : douces larmes, larmes de reconnaissance envers Dieu ! Nous bénissions ce tendre Père pour le développement rapide de son œuvre dans le cœur de cette chère enfant. Après le chant, son oncle Emile entra ; il était venu déjà plusieurs fois, mais avait trouvé la malade assoupie. « Oncle, je ne t'ai pas encore vu, » lui dit-elle. « — Ma fille, je suis venu te voir tous les jours, mais tu étais si fatiguée, que je ne t'ai pas parlé. » Elle se tourna ensuite vers moi, et me dit d'un ton aussi sensé que si elle avait eu vingt ans : « Maman, qui aurait dit, il y a quinze jours, lorsque oncle Adrien est venu m'amener, qu'aujourd'hui je serais si près de la mort ?... Ce qui m'effraie, c'est *cette caisse!* » — « Mais, ma fille, tu ne la verras pas, puisque tu seras avec le Bon Jésus. » — « C'est vrai. »

Vers midi, le délire la reprit et ne cessa qu'à son dernier soupir. Elle nommait tour à tour ses amies et ses parents, leur parlait et croyait entendre leurs réponses. Puis c'était le ciel qui était l'objet de sa rêverie. Nous l'entendîmes s'écrier : « Jésus me donnera un corps glorieux et me revêtira d'une robe blanche. » A plusieurs reprises, elle pria, demandant à Dieu de la rétablir, si c'était sa volonté ! « Mon Dieu, disait-elle, si tu me guéris, tu verras que je te servirai et que je serai une de tes enfants ! » — « D'où vient, ma fille, lui dis-je, que tu demandes tant à Dieu de te rétablir ? » — « Mais *quand même*, si c'est la volonté de Dieu que je meure, je suis heureuse d'aller avec lui. Je crois que Jésus est mort pour moi, et qu'il m'a lavée de tous mes péchés. »

Un peu plus tard, tante Armengaud amena dans la chambre les plus grandes filles de l'école, qui désiraient ardemment revoir encore Elisabeth. Elles s'approchèrent silencieusement du lit de leur amie, et vinrent l'embrasser tour à tour en sanglotant. Elle les reconnut toutes : « Ne pleurez pas, mes amies, je suis heureuse d'aller avec Dieu, » disait-elle. Tante lut quelques versets du chapitre X de Jean, et Elisabeth l'écouta avec un visage radieux de paix et de bonheur. Nous nous prosternâmes ensuite, et la servante du Seigneur fit monter vers le ciel une de ces prières de vie et d'onction qui ne s'oublient pas. Elle donna gloire à Dieu pour la manifestation de son œuvre dans le cœur de notre enfant : œuvre spirituelle que l'homme spirituel avait discernée dès lomgtemps. « Son cœur était intègre et droit, disait-elle, et nous te bénissons, Seigneur, de ce que tu l'as rendu visible aux yeux de tous. Mon Dieu! si ta volonté est de nous reprendre cette chère enfant, nous nous y soumettrons ; mais si tu voulais éloigner cette coupe, combien nous t'en bénirions! » Ici, Elisabeth, qui n'avait cessé de pousser de profonds soupirs, s'écria : « Si c'est ta volonté, ô mon Dieu! mais je sens bien que je suis prête. » La chère servante du Seigneur demanda ensuite que cette épreuve fût en bénédiction à toutes les jeunes filles, qui avaient connu notre Elisabeth, afin qu'elles n'attendissent pas leur lit de mort pour se donner à Dieu. « Mais je n'ai pas attendu mon lit de mort pour me convertir, n'est-ce pas, tante? » interrompit encore notre chère mourante. — « Non, ma fille, car Dieu avait formé une œuvre excellente dans ton cœur avant ta maladie. » Et comme ma tante terminait en disant : « Exauce-nous pour l'amour de notre adorable Sauveur! » — « Oh! oui, répéta-t-elle, il est adorable! » Puis elle ajouta : « Que c'était bon! Quelle bonne prière! Que j'étais bien! » Et son visage exprimait le calme, l'amour, la paix qui remplissaient son cœur.

Le soir, elle rendit avec abondance des matières noirâtres, signe visible de décomposition intérieure. Sa cousine Clary, qui m'avait beaucoup aidée à la soigner, et ma mère désirèrent passer la nuit auprès d'elle. Cette chère enfant, toujours occupée des autres plus que d'elle-même, disait à son aïeule : « Ne reste pas, grand'mère, tu serais trop fatiguée. » Son agitation alla toujours croissant, et si elle eût été d'un caractère moins doux, il eût fallu des hommes pour la tenir de force dans son lit. Elle suppliait sa cousine de la porter à son père ; mais le raisonnement juste la ramenait toujours.

Vers dix heures du soir, son oncle et sa tante Armengaud revinrent la voir. Elle les reçut avec un visage rayonnant d'amour, et comme son oncle s'approchait de son lit, elle souleva la tête pour lui demander un baiser ; puis, se tournant vers sa tante, elle ajouta : « Et à toi aussi, tante. »

La nuit fut très-agitée. Par moments, une minute de calme lui permettait de prier; on entendait alors des demandes telles que celles-ci : « Mon Dieu! bénis mes chers parents, soutiens-moi!... Si Dieu me relevait, disait-elle encore, je lui demanderais de soutenir toujours ma foi. »

Lorsque je la revis, à cinq heures du matin, les signes d'une mort prochaine étaient empreints sur son visage. « Jésus est-il avec toi, ma fille chérie ? » — « Oui, je le sens. » — « Elève tes regards en haut et prie. » — « Oh! oui, beaucoup! » Elle nous reconnaissait encore, son père et moi, mais ne connaissait déjà plus les autres personnes qui s'approchaient d'elle. Elle demanda la lecture de la Bible. Son père lut le psaume XXIII, qui s'était présenté à son esprit dans la nuit. Elisabeth le devançait, en prononçant ces belles paroles: « Quand je passerais par la vallée de l'ombre de la mort, je ne craindrais aucun mal. » Ernest ne put achever la lecture des deux derniers versets, car sa fille entra dans une angoisse extraordinaire, dernière lutte entre la vie et la mort. Dès lors, elle ne nous parla plus! Nos cœurs souffraient cruellement à la vue de ce combat si douloureux, qu'aucun moyen terrestre ne pouvait soulager. Cet état durait depuis près d'une heure, quand notre cher oncle s'écria: « Prions! » Nous entendîmes Elisabeth murmurer : « Je ne puis pas me mettre à genoux! » Le serviteur de Dieu fit monter une prière ardente, demandant, pour notre bien-aimée mourante, une fin paisible. Sa prière fut exaucée au-delà de toutes nos espérances. Elisabeth se calma peu à peu, et nous l'entendions répéter : « Mon Dieu! bénis mon âme. Mon Dieu! bénis mon âme. Je vais m'endormir dans les bras de Jésus. » Et elle exhala son dernier soupir avec sa dernière prière. Nos cœurs étaient remplis de gratitude envers Dieu, qui lui avait épargné une plus longue agonie et exaucé le vœu de tous nos cœurs. Nous pûmes entonner, près de ses restes chéris, le cantique qui commence par ces paroles, si applicables à la circonstance :

> Sur une harpe d'or, par mon Dieu préparée,
> Elle chante l'amour et le nom glorieux, etc.

C'est ainsi, ma chère Wilhelmine, que notre enfant bien-aimée nous a quittés à l'âge de dix ans et quatre mois pour retourner dans sa patrie, nous laissant de précieux souvenirs et un exemple vivant des merveilles de la grâce de Dieu.

Puissent les impressions douloureuses, que plusieurs ont ressenties, auprès de ce lit de mort, leur faire sentir le besoin d'une foi véritable !

Chacun, dans l'Eglise, a pris part à notre épreuve, et, grâce à Dieu, nous avons été abondamment soutenus d'en haut. La consolation est double pour nous : à part celle que tout homme trouve en Dieu, lorsqu'il élève ses regards vers Lui, nous en puisons une abondante dans le souvenir des sentiments chrétiens, qui ont rempli le cœur de notre bienheureuse enfant jusqu'à son dernier souffle. Aussi, ne pouvons-nous pas nous affliger avec ceux qui n'ont point d'espérance ; mais nos forces sont renouvelées de moment en moment par la prière. Je suis assurée, chère sœur, que tous ces détails te feront du bien, et que, comme nous, tu trouveras auprès de Dieu le soulagement et la paix.

Ton oncle Ernest se joint à moi pour t'embrasser avec affection.

Ta tante,
Marie Kruger.

Ajoutons à cette lettre quelques courts détails sur l'ensevelissement d'Elisabeth. La cérémonie fut présidée par son oncle Edouard, qu'elle aurait tant aimé revoir encore une fois, mais qui ne put arriver assez tôt. De nombreux parents et amis accompagnèrent le convoi, et le serviteur de Dieu profita de cette circonstance solennelle pour adresser à tous de sérieuses exhortations : « Plusieurs passages des Ecritures, dit-il en commençant, m'ont été présentés, entre autres celui-ci : « Instruis le jeune enfant dès l'entrée de » sa voie ; quand il sera devenu vieux, il ne s'en écartera » point. » Nous devons commencer à instruire l'enfant dès son entrée dans le monde: nous devons même prier pour lui, tandis qu'il est encore dans le sein de sa mère, étant assurés que Dieu peut répondre à nos prières : Jean-Baptiste fut rempli du Saint-Esprit avant sa naissance. Mais pour instruire comme il faut les enfants que Dieu nous donne, nous devons être de vrais chrétiens. Le vrai chrétien prêche non seulement par ses paroles, mais surtout par sa conduite, par sa foi, par son amour. Si nous instruisons ainsi nos enfants, lorsqu'ils « seront devenus vieux, » c'est-à-dire lorsqu'ils seront développés, qu'ils pourront comprendre les choses par eux-mêmes, « ils ne s'en écarteront point. » Notre Elisabeth a eu le privilège de posséder des parents vraiment chrétiens ; ces amis ont compris qu'une seule chose est nécessaire, et ils ont désiré, avant tout, pour leur fille, le royaume des cieux et sa justice. Leurs vœux ont été exaucés, et nous avons la ferme assurance que cette chère enfant n'est point perdue, mais qu'elle est pour toujours dans les bras de son Sauveur. » M. Krüger termina par une vivante prière. L'auditoire, qui avait été attentif et recueilli, se retira silencieux. Puissent, tous ceux qui ont assisté à cette émouvante cérémonie, en avoir retiré une salutaire impression !

www.ingramcontent.com/pod-product-compliance
Lightning Source LLC
Chambersburg PA
CBHW071416060426
42450CB00009BA/1917